Dieses Buch gehört:

_____

Der Bücherbär
1. Klasse

Liebe Eltern,

jedes Kind ist anders. Manche Kinder kennen bereits alle
Buchstaben in der Vorschule und können erste Wörter lesen.
Andere Kinder lernen das Abc in der Schule. Für das spätere
Leseverhalten ist es jedoch völlig unerheblich, wann die Kinder
das Alphabet meistern. Wichtig aber ist der Spaß am Lesen –
von Anfang an. Deshalb ist das Bücherbär-Erstleserprogramm
konzeptionell auf die Fähigkeiten und Bedürfnisse der Kinder
abgestimmt.

Dieses Buch richtet sich an Leseanfänger in der 1. Klasse.
Die besonders übersichtlichen Leseeinheiten und kurzen Zeilen
sind ideal zum Lesenlernen. Das Hervorheben der Sprechsilben
in Dunkelblau/Hellblau hilft dabei, ein Wort richtig zu lesen
und zu verstehen. So können Leseanfänger jede Sprechsilbe
erkennen: Idee, Radio. Zusätzlich regen lustige Rätsel und
Verständnisfragen zum Nachdenken und zum Gespräch über
die Geschichten an. Denn Kinder, die viel Gelegenheit zum
Sprechen haben, lernen auch schneller lesen.

Ihr Bücherbär

Empfohlen von *westermann*

Volkmar Röhrig

Spannende Fußballgeschichten

Mit Bilder- und Leserätseln

Bilder von Kai Pannen

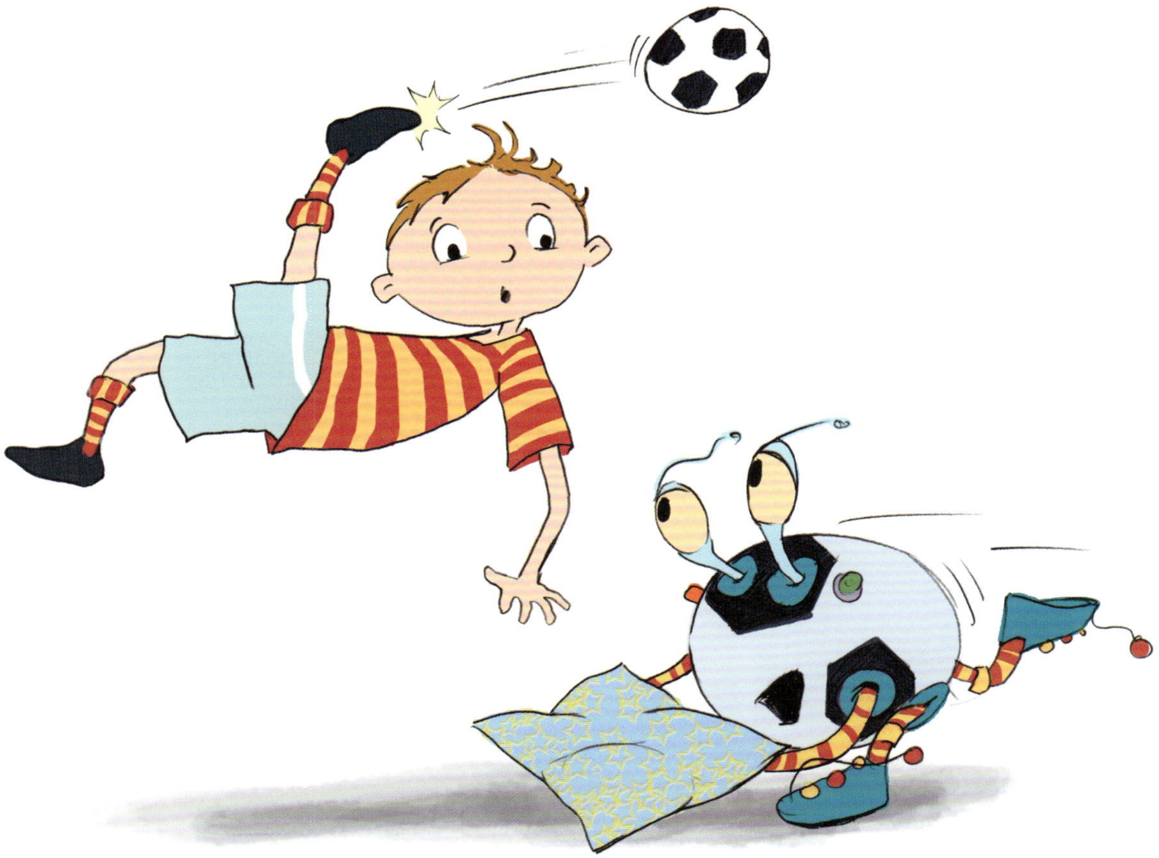

Volkmar Röhrig

wurde 1952 in Lützen bei Leipzig geboren. Er studierte Germanistik
und Kulturwissenschaft und arbeitete unter anderem als Hörspieldramaturg,
Regieassistent und Lektor. Seit 1981 ist er freiberuflicher Autor.

Kai Pannen

wurde 1961 in Moers geboren. Nach dem Studium der Malerei
in Köln begann er Anfang der 90er-Jahre seine Laufbahn
als Illustrator und Trickfilmer. Er illustriert unter anderem für
Werbeagenturen, Zeitschriftenverlage und große Industrieunternehmen.
Seit 2006 wendet er sich zunehmend der Buchillustration zu.
Kai Pannen lebt mit seiner Familie in Hamburg.

Mit Silbentrennung zum leichteren Lesenlernen

Ein Verlag in der **westermann** GRUPPE

MIX
Papier aus verantwor-
tungsvollen Quellen
FSC® C110508
FSC
www.fsc.org

Der Bücherbär
1. Auflage der Neuausgabe 2021
© 2014 Arena Verlag GmbH, Rottendorfer Straße 16, 97074 Würzburg
Dieser Band ist bereits unter dem Titel
„Tor für Ben! Spannende Fußballgeschichten" erschienen.
Alle Rechte vorbehalten
Text: Volkmar Röhrig
Einband und Innenillustrationen: Kai Pannen
Gesamtherstellung: Westermann Druck Zwickau GmbH
Printed in Germany
ISBN 978-3-401-71620-6

Besuche den Arena Verlag im Netz:
www.arena-verlag.de

Inhalt

In dieser Geschichte spielen mit:

Ben

Max 7

Herr Löwe

Schwierige Wörter:

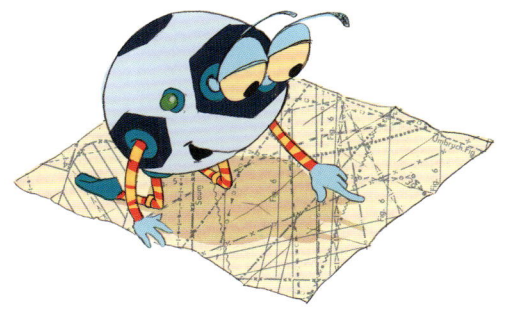

der Außerirdische

das Vereins-Maskottchen

der Torschützen-König

das Raumschiff

Treffer!

Das Spiel ist zu Ende.
Aber Ben ärgert sich.
Kein einziges Mal
hat er das Tor getroffen.
Jetzt übt er allein.
Er schießt und schießt,
doch alle Bälle sausen
am Tor vorbei.

10

Ein Ball fliegt in einen Baum.
Da ertönt ein Schrei.
„Quark-dummi-di-krächz!"
Dann kracht etwas
auf die Erde.

Was ist aus dem Baum gefallen?

Ein seltsames Wesen schreit:
„Aua! Spinnst du?"
Ben stottert vor Schreck:
„Wer bi-bi-bist du?"
Das Wesen faucht wütend:
„Ich bin Max Nummer 7,
ein Außerirdischer.
Ich komme vom Stern Maxus."

Ben wundert sich.
„Du siehst fast aus
wie unser Vereins-Maskottchen."

Aber das Wesen schimpft:
„Ich sehe aus wie Schrott,
alles ist verbogen!"

Woher kommt Max Nummer 7?

Ben sagt entschuldigend:
„Ich wollte das Tor treffen."

Max 7 schüttelt den Kopf.
„Das ist doch piepeinfach!"
Er zeigt
auf die Flutlicht-Anlage.
Plötzlich leuchten
alle Scheinwerfer.

Max 7 nimmt einen Ball
und schießt.
Der Ball jagt ins Tor
wie eine Rakete.
Das ganze Netz
fliegt weg.

„Treffer!", sagt Max 7.

„Super!", sagt Ben begeistert.

„Wie machst du das?"

Max 7 lacht.

„Mit Energie und Köpfchen!"

Ben gibt ihm die Hand.

„Ich heiße Ben.

Kann ich das lernen?"

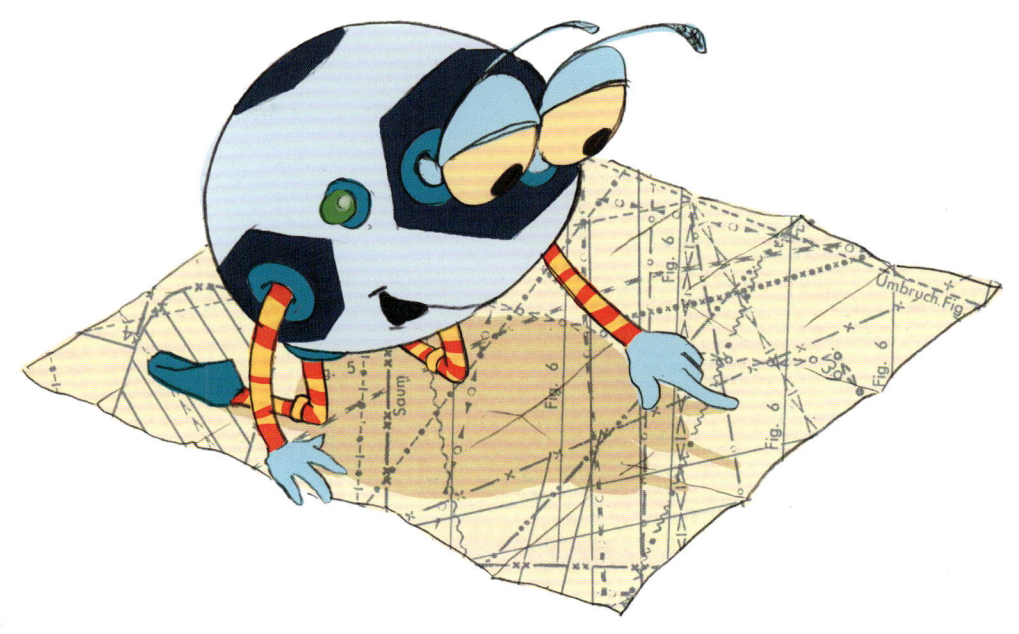

„Klar", sagt Max 7.
„Aber jetzt muss ich erst mal
die Erde erkunden.
Ich will zu den Eisbären."
Ben nickt traurig.

„Morgen komme ich wieder",
verspricht Max 7.
„Einverstanden?"

Ein Profi-Träumer

Da kommt der Fußball-Lehrer,
Herr Löwe.
Er sieht das kaputte Tor.
„Wer war das?", fragt er.

Ben erzählt aufgeregt:
„Max 7 aus dem Weltall.
Der schießt Tore
wie ein Profi!"

Herr Löwe schüttelt den Kopf.
„Und du bist
ein Profi-Träumer!"

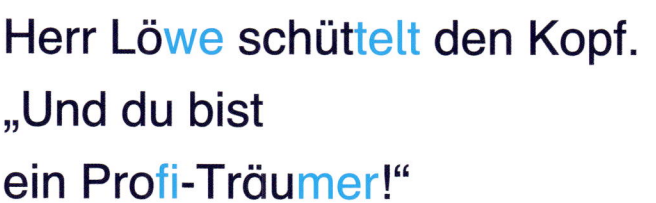

Aber Ben strahlt.
„Morgen lerne ich auch,
so zu schießen,
wetten?"

Herr Löwe seufzt.
„Träum weiter!"

In der Nacht
träumt Ben tatsächlich
vom Fußballplatz.
Über dem Spielfeld schwebt
ein riesiges Raumschiff.
Seine Scheinwerfer
leuchten wie Flutlicht.

20

Es ist ein spannendes Spiel.
Ben erkämpft den Ball.
Ben schießt.
Da fliegt das ganze Tor weg.
Der Fußball-Lehrer jubelt.

Wer spielt in Bens Mannschaft?

Das Kribbeln im Fuß

Ben läuft zum Fußballplatz.
Max 7 wartet schon auf ihn.
„Wollen wir spielen?",
fragt der Profi-Kicker
aus dem Weltraum.

Max 7 flitzt wie ein Blitz
und schießt alle Bälle
gleichzeitig ins Tor.

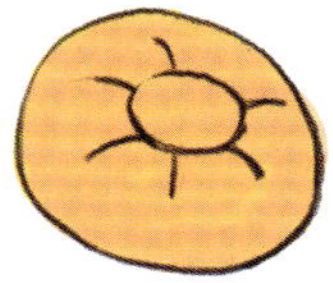

„So möchte ich auch
spielen können",
wünscht sich Ben.

Mit wie vielen Fußbällen spielt Max 7?

„Ganz einfach",
sagt Max 7
und berührt Ben.
Plötzlich spürt Ben
ein warmes Kribbeln
im Fuß.

„Das ist Energie",
erklärt Max 7.
„Dein Fuß macht jetzt
genau, was du denkst."
Ben staunt.
„Wirklich?"

 Was macht Max 7 mit Ben?

Ben schießt, doch der Ball
fliegt am Tor vorbei.

Max 7 schüttelt den Kopf.
„Das war der falsche Fuß.
Und du hast
danebengedacht!
Los, noch mal.
Aber denk diesmal richtig!"

Ben denkt an das Tor.
Sein Fuß kribbelt.
Dann plötzlich trifft er,
und das ganze Tor
fliegt weg!
„Hurra!",
jubeln Ben und Max 7.

27

Im Stadion

Max 7 möchte weiter
die Erde erkunden.
„Bei den Eisbären
war ich", sagt er.
„Wo fliege ich jetzt hin?"
Ben flüstert ihm etwas
ins Ohr.

„Au ja!", ruft Max 7.

„Willst du mitkommen?"

„Geht das?", fragt Ben.

Da rauscht es und blitzt!

Alles dreht sich!

Doch es dauert nur

einen winzigen Augenblick.

„Das ist das Olympia-Stadion
in Berlin!", sagt Ben.
„Wahnsinn!", staunt Max 7.
„Wer spielt hier?"
Ben weiß es sofort:
„Deutschland gegen Spanien!"

Max 7 staunt:
„Die spielen super,
mit Energie und Köpfchen!"
Für Ben geht ein Traum
in Erfüllung.

Ein wichtiges Spiel

Die Jungen stehen im Kreis.
„Heute ist ein wichtiges Spiel!",
sagt der Fußball-Lehrer,
Herr Löwe.

„Der Gegner ist sehr stark.
Also spielen nur die Besten
aus unserer Mannschaft!"

Das Spiel beginnt.
Ben ist traurig,
er muss zuschauen.
Die andere Mannschaft
spielt wirklich sehr gut.

Wer hilft der anderen Mannschaft?

„Tor, Tor, Tor!",
jubeln die Gegner
zum dritten Mal.
Herr Löwe
rauft sich die Haare.

Plötzlich spürt Ben
ein Kribbeln im Fuß.
Er denkt an seinen Freund,
Max 7, den Profi-Kicker
aus dem Weltraum.
Ben weiß, dass er jetzt
Tore schießen kann.

„Darf ich spielen?",
fragt Ben Herrn Löwe.
„Meinetwegen!",
stöhnt der Fußball-Lehrer.
„Wir verlieren sowieso!"

Ben läuft auf den Rasen.

Er erkämpft den Ball.

Er trickst die Gegner aus.

Er rennt zum Tor.

Sein Fuß kribbelt.

Er schießt.

„Toooor!!!"

Drei Tore
hat Ben geschossen,
der Gegner aber auch.
In der letzten Minute
tritt Ben gegen den Ball.
Der jagt ins Netz
und reißt das ganze Tor um.
„Gewonnen!"

Die Mannschaft trägt Ben
über den Platz.
Die Zuschauer jubeln.
Herr Löwe weint
vor Freude.
Und am Himmel leuchtet
ein Raumschiff.

Wer ist heute der Torschützen-König?

Fußball am anderen Ende der Welt

Seit Max 7
bei den Eisbären war,
spielen die auch
Fußball.

Welches Tier hat sich verirrt?

Lösungen

Seite 11

Ein Außerirdischer ist aus dem Baum gefallen.

Seite 13

Max Nummer 7 kommt vom Stern Maxus.

Seite 21

In Bens rot-gelber Mannschaft spielen Max Nummer 7 und ein anderer Außerirdischer.

Seite 23

Max Nummer 7 spielt mit acht Fußbällen.

Themengeschichten mit Silbentrennung

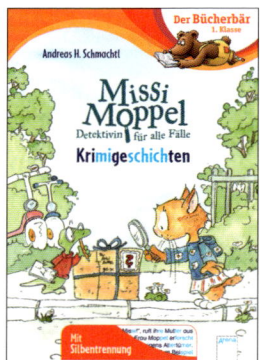 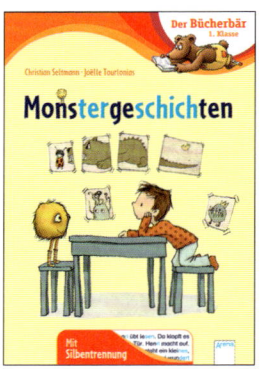  

Missi Moppel
Krimigeschichten
978-3-401-71668-8

Monstergeschichten
978-3-401-71650-3

Schulgeschichten
978-3-401-71563-6

Tilda Apfelkern
Freundschaftsgeschichten
978-3-401-71572-8

Jeder Band: Ab 6 Jahren • Themengeschichten mit Silbentrennung • Durchgehend farbig illustriert • 48 Seiten • Gebunden • Format 17,5 x 24,6 cm

Mit Bücherbärfigur
am Lesebändchen

Große Fibelschrift und Zeilentrennung nach Sinneinheiten

Mit Bilder- und
Leserätseln

Einfache Geschichten
mit kurzen Zeilen

Mit Silbentrennung

Viele farbige
Bilder

Innenseite aus *»Erdbeerinchen Erdbeerfee –
Lustige Zaubergeschichten«* ISBN 978-3-401-71691-6

Diese Reihe ist auf die Fähigkeiten von Leseanfängern abgestimmt: Übersichtliche Leseeinheiten und kurze Zeilen sind ideal zum Lesenlernen. Das Hervorheben der Sprechsilben hilft dabei, ein Wort richtig lesen und verstehen zu können.

Empfohlen von **westermann**

Der Bücherbär
1. Klasse

Eine durchgehende Geschichte

Gefahr in der Gepardenschlucht
978-3-401-71369-4

Tilda Apfelkern
Beste Freunde und ein Regenbogen-Picknick
978-3-401-71652-7

Das kleine Muffelmonster
Viel Wirbel im Klassenzimmer
978-3-401-71693-0

Das Geheimnis der Piratendrachen
978-3-401-71580-3

Jeder Band: Ab 6 Jahren • Eine durchgehende Geschichte • Durchgehend farbig illustriert • 48 Seiten • Gebunden • Format 17,5 x 24,6 cm

Zeilentrennung nach Sinneinheiten

Bildergeschichten erleichtern das Leseverständnis

Mit Bücherbärfigur am Lesebändchen

Große Fibelschrift

Heute ist Millis erster Schultag. Sie ist jetzt eine echte Schulmaus.

Milli läuft los. Den Weg kennt sie genau.

SCHULE

Viele farbige Bilder

Innenseite aus »Millis erster Schultag«
978-3-401-71653-4

Diese Reihe richtet sich an Leseanfänger in der 1. Klasse. Mit der großen Schrift, den kleinen Kapiteln und den vielen farbigen Bildern macht das erste Lesen viel Spaß.

Empfohlen von *westermann*